H. Dv. 254

Pistole 38

Beschreibung, Handhabungs- und Behandlungsanleitung

Vom 1. 2. 40

Berlin 1940

Verlag von E. S. Mittler & Sohn

Inhalt

Bilder

Vorbemerkungen

1. Die Begriffe „rechts, links, vorn, hinten, oben und unten" beziehen sich auf die Lage der Waffe in der Schußrichtung.

2. Die dem Text beigefügten Buchstaben und Zahlen beziehen sich auf die Hinweiszahlen und -nummern der beigefügten Bilder, soweit auf diesen Einzelteile abgebildet sind.

3. Die dem Text in Klammern beigefügten Zahlen beziehen sich auf die Randnummern.

A. Allgemeines

Die Pistole 38 (P. 38) — Kal. 9 mm — ist eine Selbstladewaffe mit starrer Verriegelung (Rückstoßlader), bei der durch den Druck der Pulvergase das Öffnen des Verschlusses und Auswerfen der abgeschossenen Patronenhülse, sowie das Spannen des Hahnes, Zuführen einer neuen Patrone und Schließen des Verschlusses selbsttätig bewirkt wird.

1. Art der Waffe

Die Pistole besitzt einen außenliegenden Hahn. Sie kann also zwecks erhöhter Feuerbereitschaft geladen, aber ungesichert und ungespannt getragen werden.

Außerdem gestattet der Hahnabzug bei Versagern ein mehrmaliges Abziehen ohne Öffnen des Verschlusses.

2. Vorzüge der Waffe

Geladene Pistolen sind an dem über dem Hahn aus dem Verschlußstück herausgetretenen, blanken Signalstift erkennbar. Dieser Stift ist, wenn sich eine Patrone im Lauf

3. Erkennbarkeit der Feuerbereitschaft

5

befindet, leicht zu sehen und bei Dunkelheit zu fühlen.

Außerdem ist an der Stellung des Sicherungshebels und dem sichtbaren Buchstaben „S" = „Gesichert" und „F" = „Feuerbereit" die Feuerbereitschaft der Waffe erkennbar.

4.
Magazin zur
Waffe

Zu jeder Waffe gehört als Waffenteil ein Magazin.

Das zweite Magazin zählt zum Zubehör der Waffe.

B. Beschreibung der Pistole 38

I. Hauptteile der Waffe

5.
Hauptteile
der Waffe

Die Hauptteile der Pistole 38 sind

a) Lauf
b) Verschluß
c) Griff
d) Magazin

a) Lauf
(Bild 2 u. 3)

6.
Lauf

Der Lauf a nimmt im Patronenlager die Patrone auf und gibt mit seinem langen

6

gezogenen Teil dem Geschoß Drehung und Richtung.

Der Lauf ist äußerlich an der Mündung bundartig verstärkt. Oben ist der Bund abgeflacht und bildet die Kornwarze, in welche das Korn mittels Schwalbenschwanz eingeschoben ist. Am Lauf befinden sich rechts und links hinten je drei Leisten. Die obere dient als Abdeckung, die untere dient zur Führung des Laufes im Griffstück. Von der Güte dieser unteren Führung hängt die Schußleistung ab. Die obere und mittlere Leiste bewegen sich lose im Verschlußstück. Die mittlere und untere Leiste sind für den Riegel durchbrochen.

In dem Durchbruch ist der Riegel a 2 schwenkbar gelagert und durch eine Feder gegen Herausfallen beim Zerlegen der Pistole gesichert. Seine beiden Nasen treten in die entsprechenden Aussparungen des Verschlußstücks ein und stellen dadurch eine starre Verbindung von Lauf und Verschlußstück her.

Zum Lösen dieser Verbindung dient der im hinteren Führungsstück gelagerte Riegelbolzen a 3, der beim Anschlag des Laufs gegen das Griffstück nach vorn gedrückt wird

und durch Auflaufen auf die schräge Fläche des Riegels diesen, nach Freigabe durch das Griffstück, nach unten drückt und dadurch die Verriegelung des Laufs mit dem Verschluß=stück aufhebt.

b) Verschluß
(Bild 2 u. 3)

**7.
Verschluß**

Den Hauptteil des Verschlusses bildet das Verschlußstück b.

Das Verschlußstück verbindet den Lauf mit dem Griffstück. Es stellt den Verschluß her, nimmt den Schlagbolzen mit Feder, den Auszieher mit Feder und Bolzen, den Signalstift und die Sicherung, bestehend aus Sicherungshebel, Schraubenfeder und Rast=bolzen, auf und dient dem Visier als Lager. In seinen Nuten bewegt sich der Lauf.

Die Oberseite des Verschlußstücks ist in ihrem vorderen Teil mit einem Ausschnitt für den Hülsenauswurf versehen. In diesem Ausschnitt sind im Verschlußstück rechts und links Ausfräsungen für den Eintritt der Nasen des Riegels eingearbeitet.

Im Verschlußstück befindet sich rechts und links je eine breite Nute zur Führung des

8

Verschlußstücks auf dem Griffstück. In den Nuten steht rechts und links etwa in der Mitte je ein Stollen als Widerlager für die Führungsbolzen der Schließfedern.

Der hintere obere Teil des Verschlußstücks ist als Kammer mit einer Stirnfläche ausgebildet. Die Stirnfläche hat in der Mitte eine Bohrung für den Durchtritt der Schlagbolzenspitze, rechts eine Nut für den Auswerfer und oben einen rechteckigen Durchbruch für das vordere Ende des Signalstiftes.

In der Kammer lagern der Schlagbolzen b 4 und Signalstift mit Feder b 5 sowie der Auszieher.

Die Kammer wird durch einen Deckel b 6 abgedeckt, der gleichzeitig das in einer rechteckigen Quernut eingesetzte Visier b 1 festhält.

Auf dem Boden der Quernut für das Visier befindet sich im Verschlußstück rechts ein Durchbruch für die Schlagbolzensperre und links eine Bohrung für einen Bolzen, der mit seinem hervorstehenden Zapfen das Visier seitlich festhält.

In einer Querbohrung der Kammer des Verschlußstücks ist die Sicherung b 2 ge-

lagert, deren Welle b 3 so eingefräst ist, daß sie sich in gesicherter Stellung in Aussparungen des Schlagbolzens legt und ihn dadurch festhält. Außerdem verhindert die Sicherungswelle in gesicherter Stellung ein völliges Spannen des Hahns durch Hochdrücken des im Griffstück gelagerten Entspannstücks.

Die Rückseite des Verschlußstücks hat eine Einfräsung für den Hahn, eine Bohrung für den Schlagbolzen und einen Durchbruch für den Austritt des Signalstiftes.

c) Griff
(Bild 2 u. 3)

**8.
Griff**

Den Hauptteil des Griffes bildet das Griffstück c. Es dient zur Handhabung der Waffe. Auf seinen Führungsleisten gleitet das Verschlußstück mit dem Lauf. Es nimmt das Magazin auf.

In das Griffstück sind eingebaut:

der Hahn c 1 mit Hahnklappe und Feder,
  die Schlagstange und Schlagfeder c 9,
  der Magazinhalter c 2,
  der Auslösehebel,
  das Entspannstück,

10

der Auswerfer,

die Abzugvorrichtung, bestehend aus dem Abzug c 7, der Abzugstange und dem Spannstück c 8,

die beiden Schließfedern mit Führungsbolzen c 3,

der Fanghebel c 4 und

der Laufhaltehebel c 5.

Abzug, Abzugstange, Spannstück und Verschlußfanghebel werden durch Drehfedern betätigt.

Der Laufhaltehebel und der Sicherungshebel werden durch einen Federbolzen in der jeweiligen Stellung gehalten.

Zum Schutze des Abzugs ist das Griffstück vorn zu einem Abzugbügel ausgearbeitet.

Zur besseren Handhabung des Griffstücks und zum Schutz der im Griffstück untergebrachten Teile ist je eine rechte und eine linke Griffschale aus Preßstoff c 6 angeschraubt.

Eine Öse am linken unteren Ende des Griffstücks dient zum Befestigen des Pistolengurtes.

d) Magazin
(Bild 3 u. 5)

Das Magazin d ist ein Stangenmagazin für 8 Patronen.

Es besteht aus:

Magazingehäuse d 1,

Magazinboden d 2,

Magazinbodenhalter d 3,

Zubringer d 4,

Zubringerfeder d 5.

Am Gehäuse sind seitlich rechts und links je 7 Sichtlöcher angebracht, um feststellen zu können, wieviel Patronen sich im Magazin befinden.

II. Zubehör

Als Zubehör zu jeder Pistole 38 gehören:

a) eine Pistolentasche 38,

b) ein Magazin,

c) ein Pistolengurt 38 (dieser nur für berittene Truppen).

a) Pistolentasche 38
(Bild 5)

Die Pistolentasche 38 e dient zur Aufnahme der Pistole. In einem Außenfach ist das Magazin untergebracht.

12

Beim Öffnen der Verschlußklappe wird zum leichteren Entnehmen die Pistole durch einen Riemen angehoben.

b) Magazin
(Bild 5)

Das zweite Magazin d ist dem zur Waffe gehörigen gleich (9).

12.
Magazi

c) Pistolengurt 38
(Bild 5)

Der Pistolengurt 38 p besteht aus dem Gurtband mit Ring und Schnalle.

Der Gurt wird über die Schulter getragen und mit der Schnalle in der am Griffstück unten links befindlichen Riemenöse befestigt.

13.
Pistolen
gurt 38

C. Handhabung der Pistole 38

I. Grundsätze für die Handhabung

a) Die Pistole 38 ist eine Einhandwaffe, d. h. die Bedienungsgriffe können bei geladener Waffe mit der Hand erfolgen, die die Waffe führt. Die Einhandbedienung ist

14.
Grundsä
für die
Handhab

jedoch nur unter Lockerung des festen Griffs der schießenden Hand möglich.

b) Beim Laden und Entladen muß stets gesichert werden. Die Mündung ist dabei schräg nach vorwärts und abwärts zu halten.

c) Die Magazine und Patronen dürfen weder verschmutzt noch verbeult sein, da sonst die Zuführung versagt.

II. Füllen des Magazins

Das Füllen des Magazins erfolgt von Hand.

Die linke Hand umfaßt das Magazin, Daumen oben auf den Magazinlippen. Die rechte Hand führt die Patronen, Patronenboden voraus, unter Überwindung des Federdruckes unter die Magazinlippen in das Magazin. Der Daumen drückt jedesmal die oberste Patrone möglichst weit hinunter, um das Hineinschieben der zu ladenden Patrone unter die Magazinlippen zu erleichtern. Eine feste Unterlage ist nicht erforderlich.

14

Die an den Seitenwänden des Magazins vorhandenen sieben Sichtlöcher lassen erkennen, wenn acht Patronen eingefüllt sind.

III. Sichern

Die rechte Hand umfaßt das Griffstück der Waffe. Mündung schräg nach vorwärts und abwärts.

Der Daumen der rechten Hand schwenkt den links aus dem Verschlußstück herausragenden Sicherungshebel bis zu einem hörbaren Einrasten nach abwärts.

Oder rechte Hand hält die Waffe, Zeigefinger ausgestreckt neben dem Abzugbügel, der Daumen der linken Hand schwenkt den Sicherungshebel nach abwärts.

Der weiße Buchstabe „S" = „Gesichert" wird sichtbar.

Beim Sichern wird der Schlagbolzen festgelegt. Er kann also durch den Hahn nicht vorgeschnellt werden.

Da durch die Einwirkung der Sicherung auf das Entspannstück gleichzeitig auch ein völliges Spannen des Hahns nicht möglich ist, wird die Waffe beim Sichern doppelt gesichert.

IV. Laden

Zum Laden hält die rechte Hand das Griffstück der Waffe umfaßt. Mündung zeigt schräg nach vorwärts und abwärts. D i e W a f f e w i r d g r u n d s ä t z l i c h g e = s i c h e r t.

Die linke Hand führt ein gefülltes Magazin, Geschoßspitzen nach vorn zeigend, in die entsprechende Öffnung am Ende des Griffstücks so weit ein, bis der am Griffstück befindliche Magazinhalter sich hörbar unter den Magazinboden legt.

Die linke Hand erfaßt das Verschlußstück an dem geriefelten Ende seiner Seitenwände und zieht es bis in die hinterste Stellung zurück. Hierauf läßt der Schütze das Verschlußstück wieder nach vorn schnellen. Dabei schiebt die Stirnfläche des zur Kammer ausgebildeten Oberteils des Verschlußstücks die oberste Patrone aus dem Magazin vor sich her in den Lauf.

Die Kralle des Ausziehers legt sich in die Ausdrehung am Patronenrand.

Der Signalstift stößt entweder gegen den Patronenboden oder wird von der Patrone

16

nach oben gedrückt und stößt gegen das hintere Laufende.

In beiden Fällen tritt er sichtbar hinten aus dem Verschlußstück heraus und zeigt an, daß die Pistole geladen ist.

Beim Vorgleiten des Verschlußstücks und Laufs hat sich der Riegel gehoben und ist mit seinen Nasen in die Ausfräsungen des Verschlußstücks eingetreten; der Verschluß ist verriegelt.

Die Waffe ist geladen und ge= sichert!

V. Entsichern

Beim Entsichern faßt die rechte Hand um das Griffstück der Waffe und schwenkt mit dem Daumen den Sicherungshebel bis zum hörbaren Einrasten nach oben, oder die rechte Hand hält die Waffe, der Daumen der linken Hand betätigt den Sicherungs= hebel. Die Mündung der Waffe muß dabei stets nach vorwärts und schräg abwärts zeigen.

Beim Entsichern gibt die Sicherungswelle den Schlagbolzen frei. Gleichzeitig wird das Entspannstück durch die Sicherungswelle

freigegeben, so daß der Hahn völlig gespannt werden kann.

Unter dem hochgeschwenkten Sicherungs= hebel ist der rote Buchstabe „F" = „Feuer= bereit" sichtbar geworden.

D i e   W a f f e   i s t   g e l a d e n   u n d f e u e r b e r e i t !

VI. Vorgang in der Waffe beim Schuß
(Bild 4)

19.
Wirkungs=
weise der
Abzug=
vorrichtung

Die Abzugvorrichtung kann nur bei voll= ständig eingetretener Verriegelung und ent= sicherter Waffe, dann aber sowohl mit ge= spanntem als auch mit ungespanntem Hahn betätigt werden.

Durch Rückwärtsschwenken des Hahns von Hand wird die Schlagfeder gespannt. Gleichzeitig greift das untere Ende des Hahns unter das Spannstück, hebt es hoch und legt sich in eine Rast im unteren Teil des Spannstücks.

Ein geringer Druck auf den Abzug genügt dann, um den Hahn aus der Rast zu lösen und durch den Druck der Schlagfeder nach vorn schnellen zu lassen.

18

Wird der Abzug bei ungespanntem Hahn betätigt, so wird das Spannstück durch Vermittlung der am Abzug gelenkartig angebrachten Abzugstange angehoben und mit Hilfe der Hahnklappe, die im Hahn federnd gelagert ist, der Hahn gespannt.

Beim weiteren Zurückziehen des Abzugs gleitet die Hahnklappe des Hahns vom Spannstück ab. Der Hahn ist frei und schnellt durch den Druck der bei seinem Zurückschwenken gespannten Schlagfeder nach vorn.

Der vorschnellende Hahn schlägt auf das in der Hahnausfräsung des Verschlußstücks hervortretende Ende des Schlagbolzens.

Der in der Kammer des Verschlußstücks federnd gelagerte Schlagbolzen wird durch den Schlag des Hahns nach vorn geschnellt und schlägt mit seiner Spitze auf das Zündhütchen der im Lauf befindlichen Patrone und bringt es zur Entzündung.

Der Schuß bricht!

Durch den Druck der Pulvergase wird das Geschoß durch den Lauf getrieben und gleichzeitig der Lauf zurückgestoßen.

20.
Vorgang
in der Waffe
beim Schuß

19

Da der Lauf und das Verschlußstück durch den hochgedrückten Riegel starr verbunden sind, gleiten sie zunächst gemeinsam zurück.

Nach einem kurzen gemeinsamen Rücklauf stößt der im hinteren Führungsstück des Laufs gelagerte Riegelbolzen gegen das Griffstück und schwenkt den Riegel mit Hilfe seiner schrägen Fläche nach abwärts in das Griffstück. Die Nasen des Riegels treten dadurch aus den Ausfräsungen im Verschlußstück.

Die Verriegelung von Lauf und Verschlußstück ist damit gelöst. Der Lauf bleibt stehen, während das Verschlußstück bis in seine hinterste Stellung weiter zurückgleitet.

Hierbei wird die abgeschossene Patronenhülse vom Auszieher so weit mitgenommen, bis sie von dem durch einen Durchbruch an der Kammerstirnfläche tretenden Auswerfer nach oben durch den Ausschnitt des Verschlußstücks ausgeworfen wird.

Gleichzeitig wird der Hahn vom Verschlußstück nach rückwärts geschwenkt. Das untere Ende des Hahns hebt das Spannstück der Abzugvorrichtung hoch, tritt in die

20

untere Raſt im Spannſtück, wodurch der Hahn mit geſpannter Schlagfeder in hinterſter Stellung feſtgehalten wird.

Durch den Druck der bei der Rückwärts=bewegung geſpannten Schließfedern wird das Verſchlußſtück in hinterſter Stellung zur Umkehr gezwungen und gleitet wieder nach vorn.

Dabei wird eine neue Patrone ſelbſttätig nach Nr. 17 geladen.

Im letzten Teil des Vorlaufs des Verſchlußſtücks wird der Lauf wieder mit nach vorn genommen, wobei, durch zwangsläu=figes Hochſchwenken des Riegels über eine abgerundete Querleiſte im Griffſtück, die Verriegelung von Lauf und Verſchlußſtück durch Eintreten der Naſen des Riegels in die Ausfräſungen am Verſchlußſtück wieder=hergeſtellt wird.

Dieſer Vorgang kann durch Betätigung des Abzugs ſo oft wiederholt werden, bis das Magazin entleert iſt.

Iſt die letzte Patrone abgefeuert, ſo wird beim Zurückgleiten des Verſchlußſtücks der im Griffſtück gelagerte Fanghebel durch den

Zubringer des Magazins nach oben gedrückt und das Verschlußstück bei Beginn des Vorlaufs gefangen. Die Pistole bleibt dadurch mit gespanntem Hahn und geöffnetem Verschluß stehen.

Nach Auswechseln des leeren gegen ein gefülltes Magazin wird der Fanghebel dadurch zur Freigabe des Verschlußstücks gezwungen, daß

entweder

die linke Hand das Verschlußstück kurz zurückzieht. Dabei wird der Fanghebel frei und, da der Zubringer des gefüllten Magazins ihn nicht hochdrückt, durch Federkraft heruntergedrückt, so daß das Verschlußstück über ihn hinweg nach vorn gleiten kann;

oder

bei Einhandbedienung der Daumen der rechten Hand, bei Zweihandbedienung der Daumen der linken Hand den Fanghebel herunterdrückt, wobei der gleiche Vorgang eintritt.

Es wiederholt sich hierbei der Ladevorgang nach Nr. 17.

22

VII. Entladen

Vor dem Entladen ist nach Nr. 16 zu sichern. Beim Entladen hält die rechte Hand die Waffe am Griffstück fest. Mündung zeigt schräg nach vorwärts und abwärts.

Die linke Hand drückt mit dem Daumen den Magazinhalter zurück und zieht das aus dem Griffstück sich lösende Magazin nach unten heraus.

Die noch im Lauf befindliche Patrone ist durch langsames Zurückziehen und Wieder= vorgleitenlassen des Verschlußstücks mit der linken Hand so aus dem Patronenlager zu entfernen, daß sie in die Öffnung des Griff= stücks für das Magazin fällt und vom Ring= oder kleinen Finger der rechten Hand, der vor den Magazineinschub des Griffstücks zu legen ist, aufgefangen wird.

VIII. Auseinandernehmen und Zusammensetzen der Pistole 38 und des Magazins

22.
Auseinander=
nehmen und
Zusammen=
setzen der
Pistole 38

Das Auseinandernehmen der Pistole 38 erfolgt in nachstehender Reihenfolge:
   a) Waffe nach Nr. 16 sichern,
   b) Waffe nach Nr. 21 entladen,

23

c) Waffe in rechte Hand nehmen, Daumen am Fanghebel,

d) Verschlußstück mit linker Hand zurückziehen und Fanghebel mit rechtem Daumen hochdrücken bis Fanghebel in die entsprechende Ausfräsung am Verschlußstück eintritt.

Laufhaltehebel mit linker Hand nach vorn drehen, bis er hörbar einrastet,

e) Verschlußstück mit linker Hand kurz zurückziehen, bis der Fanghebel durch Federkraft in seine tiefste Stellung zurücktritt,

f) Verschlußstück mit Lauf, ohne mit der linken Hand loszulassen, nach vorn vom Griffstück abschieben.

Vorschnellenlassen des Verschlußstücks ohne Gegenhalten mit der linken Hand führt zu Beschädigungen der Waffe und ist verboten,

g) Verschlußstück mit Lauf in rechte Hand nehmen. Mit rechtem Daumen den Riegelbolzen eindrücken und mit der linken Hand den Lauf aus dem Verschlußstück herausziehen,

h) Lauf, Mündung nach oben, in linke Hand nehmen. Riegel mit rechter Hand aus seinem Lager zwischen den Führungsstücken herausnehmen.

Ein weiteres Auseinandernehmen der Waffe durch den Schützen ist verboten.

Zu Instandsetzungszwecken und anläßlich der außerordentlichen Reinigung sowie der Erneuerung der Deckungsmittel ist die Waffe in der Truppenwaffenmeisterei nach Bedarf zu zerlegen.

Das Zusammensetzen der Waffe erfolgt sinngemäß in umgekehrter Reihenfolge.

Das Auseinandernehmen des Magazins erfolgt in nachstehender Reihenfolge:

23.
Auseinander
nehmen und
Zusammen=
setzen des
Magazins

a) Magazin, Boden nach oben, in linke Hand nehmen,

b) mit spitzem Holzspan mit rechter Hand den in die Bohrung hereinragenden Knopf des Bodenhalters zurückdrücken und den Magazinboden in Richtung der überstehenden Seite vom Gehäuse abziehen,

c) Sperre, Zubringerfeder und Zubringer dem Gehäuse entnehmen.

Das Auseinandernehmen des Magazins durch den Schützen erfolgt nur, wenn es naß geworden oder verschmutzt ist.

Zu Instandsetzungszwecken oder zum Erneuern der Deckungsmittel ist es in der Truppenwaffenmeisterei nach Bedarf auseinanderzunehmen.

Das Zusammensetzen des Magazins erfolgt sinngemäß in umgekehrter Reihenfolge.

Auf richtiges Einsetzen der Zubringerfeder ist zu achten.

D. Störungen beim Schießen

24.
Störungen
im Schießen

Störungen beim Schießen lassen sich bei sachgemäßer Behandlung und ordnungsmäßiger Reinigung der Waffe, abgesehen von Störungen, deren Ursache an Bruch, Lahmwerden oder Abnutzung von Waffenteilen liegt, vermeiden.

Bei Störungen ist grundsätzlich wie folgt zu verfahren:

a) Waffe in rechter Hand mit schräg nach vorwärts und abwärts gerichteter Mündung halten,

b) sichern nach Nr. 16,

c) wenn der Schuß nach dem wieder=
holten Abziehen nicht bricht und
Signalstift anzeigt, daß sich eine Pa=
trone im Patronenlager befindet —
eine Minute —, warten, dann

d) entladen nach Nr. 21; feststellen, ob
Lauf frei!

e) Störung beseitigen, wenn nicht mög=
lich, Waffe der Truppenwaffenmeiste=
rei zuleiten,

f) nach Beseitigung der Störung, wenn
weitergeschossen werden soll, Waffe
nach Nr. 17 laden,

g) vor dem Schießen Waffe entsichern.

Das Auftreten nachstehender Störungen
liegt im Bereich der Möglichkeit.

a) Merkmal

Abgeschossene Hülse bleibt im Patronen=
lager stecken

Ursache	Abhilfe
1. Stark verschmutztes Patronenlager	Sichern! Magazin entneh= men, Verschlußstück langsam zurückziehen, Hülse ausziehen. —

2. Auszieher oder Aus= zieherfeder lahm, abgenutzt oder ge= brochen

Reinigung durch den Schützen —

Ersatz durch Waffen= meister

b) Merkmal

Ausgezogene Hülse wird nicht ausgewor= fen. Lauf ist frei, abgeschossene Hülse ist zwischen Verschlußstück und Lauf einge= klemmt

Ursache	Abhilfe
1. Auswerfer abge= nutzt, verbogen oder gebrochen	zu 1.—3. Verschluß= stück mit linker Hand zurückziehen, Hülse ausschütteln,
2. Verschlußstück glei= tet rauh auf dem Griffstück	außerdem Ersatz oder Instandsetzung durch Waffenmeister
3. Gasdruck der Pa= trone genügt nicht	

c) Merkmal

Schuß bricht nicht

Ursache	Abhilfe
1. Versager	Nach mehrfachem Abziehen sichern, eine Minute warten, ent=

28

laden und Patronen
an die Mun.-Anstalt
einschicken

2. Schlagbolzen ge-
brochen, Schlag-
feder lahm oder
gebrochen, Schlag-
stange verbogen und
klemmt

Ersatz oder Instand-
setzung durch Waffen-
meister

d) Merkmal

Hülse der zuletzt abgefeuerten Patrone
ist ausgeworfen, neue Patrone wird nicht
zugeführt

Ursache

Abhilfe

1. Magazin oder Pa-
tronen verschmutzt

Reinigung durch den
Schützen

2. Patronen verbeult

Patronen an Muni-
tionsanstalt senden

3. Magazin verbeult,
Magazinlippen ver-
bogen. Zubringer-
feder falsch einge-
setzt

Zu 3. und 4. Maga-
zinwechsel
Ersatz und Instand-
setzung durch Waffen-
meister

4. Magazin leer und
Verschlußstück nicht
gefangen

E. Reinigung

**25.
Reinigung**

Die Reinigung der Pistole 38 erfolgt mit dem Reinigungsgerät 34 nach H. Dv. 256.

F. Instandsetzung und Ersatz

**26.
Instand=
setzung und
Ersatz**

Die Instandsetzung erfolgt zu Lasten der Selbstbewirtschaftungsmittel.

Ersatz unbrauchbarer Teile ist auf dem Dienstwege anzufordern.

Folgende neu eingestellte Teile sind mit den 4 Endnummern der Fertigungs= nummer zu versehen; Lauf, Riegel, Griff= stück, beide Griffschalen, beide Magazinge= häuse. Bei Einstellung eines neuen Ver= schlußstücks ist jedoch die vollständige Ferti= gungsnummer anzubringen.

G. Maße und Gewichte

**27.
Maße und
Gewichte**

Länge der Pistole 38 . . . . . 21,5 cm,
Gewicht der Pistole 38, leer . . 0,87 kg,
Gewicht des Magazins, gefüllt . 0,17 kg,
Gewicht der Tasche, leer . . . 0,33 kg.

H. Munition

Die Munition der Pistole 38 ist die Pisto-
len-Patrone 08, 9 mm.

J. Schußweiten und Schußleistung

I. Schußweiten

Visierschußweite	50 m,
Reichweite, ungefähr . . .	1600 m.

II. Schußleistung

Eindringungstiefe des Einzelschusses

in	auf		
	25 m	50 m	200 m
lockeres Erdreich . . .	36 cm	35 cm	31 cm
Sand	26 cm	25 cm	21 cm
Kiefernholz	23 cm	23 cm	17 cm
Eisenblech von 2 mm, 90° Auftreffwinkel .	Durch-schlag	Durch-schlag	Durch-schlag
Eisenblech von 3 mm, 90° Auftreffwinkel .	starke Beulen	Beulen	Beulen
Panzerblech von 2 mm, 90° Auftreffwinkel .	starke Beulen	Beulen	Beulen

K. Sicherheitsbestimmungen

30.
Sicherheits-
bestimmungen

Für das Schießen mit Pistole 38 gelten die Sicherheitsbestimmungen nach H. Dv. 225/2.

Berlin, den 1. 2. 40

Der Oberbefehlshaber des Heeres

im Auftrag

K o ch

Ernst Siegfried Mittler und Sohn, Berlin SW 68

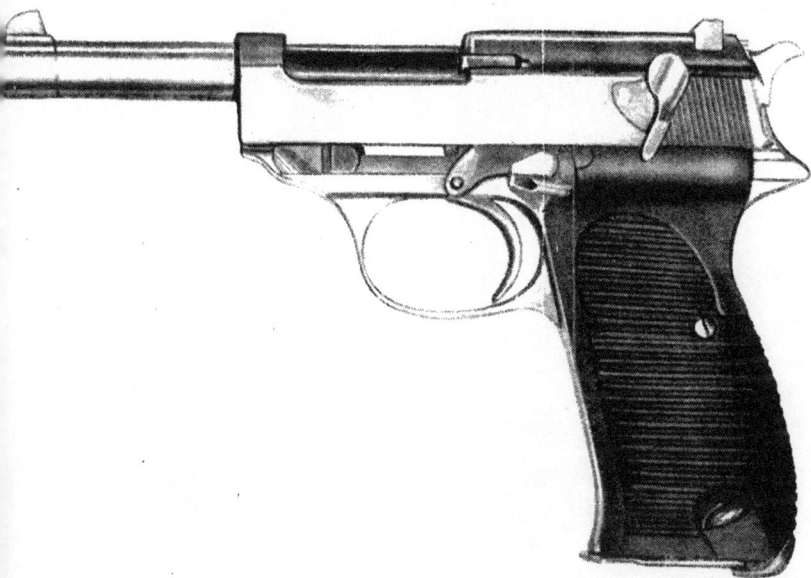

Pistole 38
Ansicht von links, geladen und gesichert

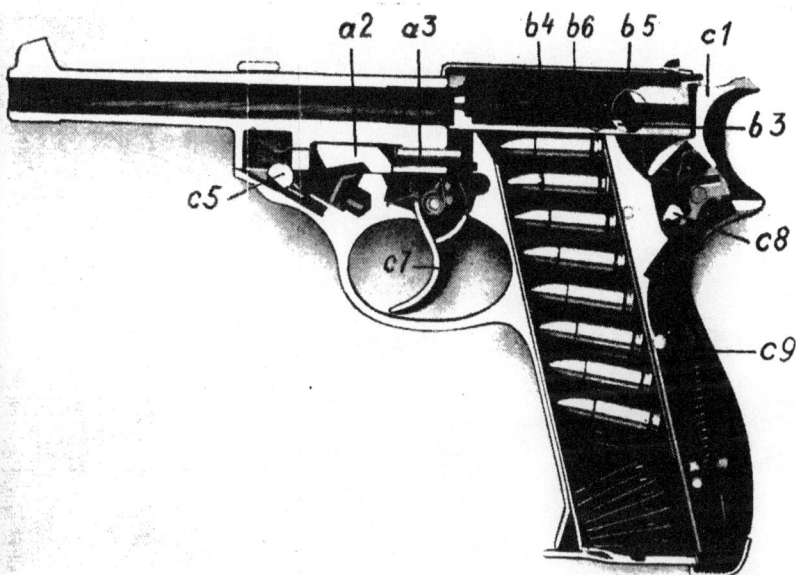

Pistole 38, aufgeschnitten

a 2 Riegel	c 1 Hahn
a 3 Riegelbolzen	c 5 Laufhaltehebel
b 3 Sicherung	c 7 Abzug
b 4 Schlagbolzen	c 8 Spannstück
b 5 Signalstift	c 9 Schlagstange mit Feder
b 6 Deckel zur Kammer	

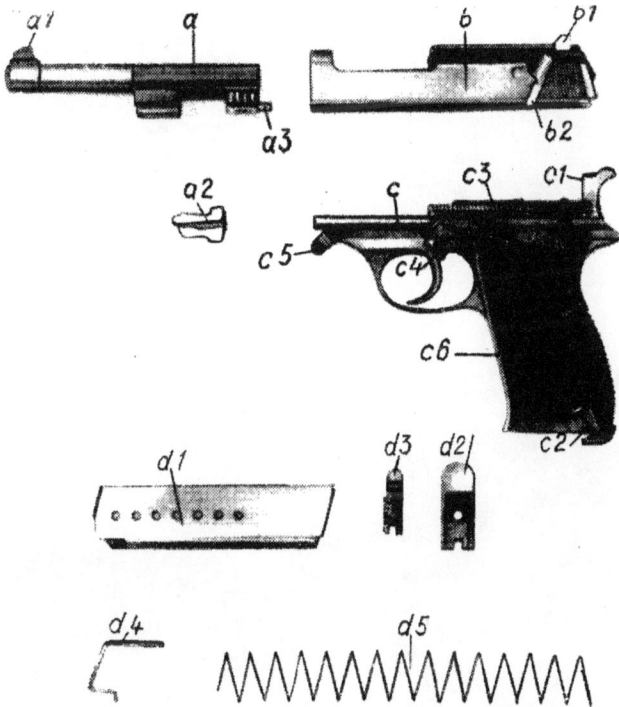

Bild 3

Pistole 38, zum Reinigen auseinandergenommen

a   Lauf
a 1   Korn
a 2   Riegel
a 3   Riegelbolzen
b   Verschlußstück
b 1   Visier
b 2   Sicherung
c   Griffstück
c 1   Hahn
c 2   Magazinhalter

c 3   Schließfeder mit Bolzen
       (linke)
c 4   Fanghebel
c 5   Laufhaltehebel
c 6   Griffschale
d 1   Magazingehäuse
d 2   Magazinboden
d 3   Magazinbodenhalter
d 4   Zubringer
d 5   Zubringerfeder

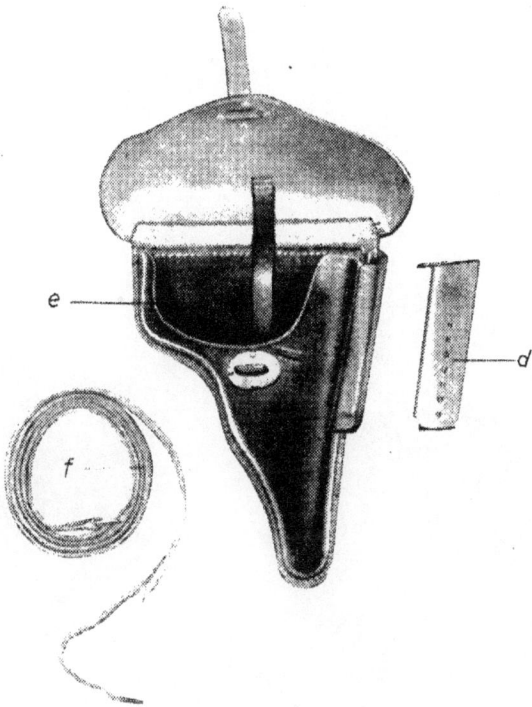

Zubehör zur Pistole 38

e Pistolentasche 38
d Magazin
f Pistolengurt 38

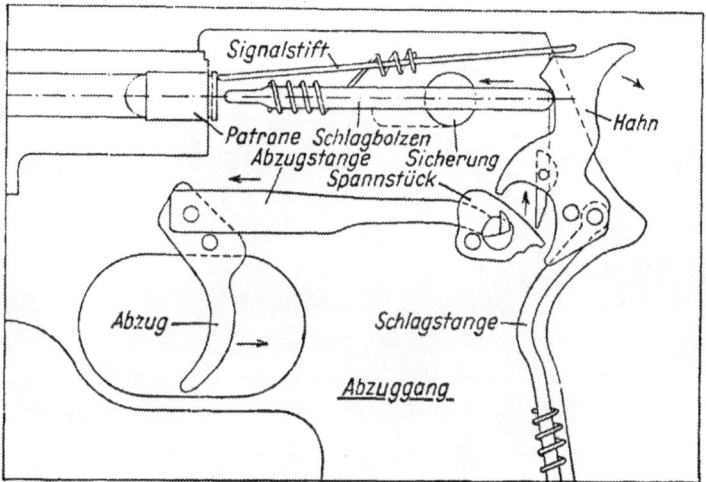

Abzuggang der Pistole 38